DIOS AVANZA CON NOSOTROS

DR.
MARTIN
LUTHER
KING JR.

DIOS AVANZA CON
NOSOTROS

Prólogo de Clyde W. Ford

Traducción de Aurora Lauzardo Ugarte

**MartinLuther
KingJr.** *Library*

Martin Luther King Jr. *Library*

En asociación con

Licencia otorgada por Intellectual Properties Management, Inc., Atlanta, GA, licenciante exclusivo de The King Estate.

Título original: *Our God Is Marching On*

Publicado en inglés por HarperOne en los Estados Unidos de América en 2024

PRIMERA EDICIÓN EN ESPAÑOL, 2024

Diseño: Ralph Fowler
Arte © Yulia Koldovska/Shutterstock

Este libro ha sido debidamente catalogado en la Biblioteca del Congreso de los Estados Unidos.

ISBN 978-0-06-338406-4

24 25 26 27 28 LBC 5 4 3 2 1

Prólogo

Como quiera que se mire, con una duración de poco más de tres minutos, fue un discurso breve. Pero un breve discurso que pone fin a una larga serie de marchas en un momento crucial de la lucha de los Negros estadounidenses por los derechos civiles. Martin Luther King Jr. pronunció el discurso «Dios avanza con nosotros» en la tarde del 25 de marzo de 1965 ante 25 000 personas en los terrenos del capitolio del estado de Alabama, marcando así el final de la tercera marcha de Selma.

¿La tercera marcha de Selma? Sí. Puede sorprender que no fuera una sola marcha, sino tres marchas de Selma a Montgomery. La creencia popular ha confundido estas tres marchas con una sola. Sin embargo, para comprender la importancia y la solemnidad de este discurso de King es necesario retroceder en el tiempo hasta aquellas tres marchas de Selma, todas celebradas en marzo de 1965.

El 18 de febrero de 1965, antes de la primera marcha, estuvo marcado por una protesta por el derecho al voto, negado durante mucho tiempo a los ciudadanos Negros de Alabama. Durante muchos meses, en Selma y sus alrededores hubo organización, protestas y desobediencia civil en apoyo al derecho al voto, incluida una visita de Malcolm X al Instituto Tuskegee, no lejos de Selma, para respaldar esta campaña. Pero el 18 de febrero, el activista Negro por el derecho al voto, Jimmie Lee Jackson, inspirado por Martin Luther King, participó en una protesta con su hermana, su madre y su abuelo. Mientras huían de un ataque a la protesta por parte de policías blancos del estado de Alabama, la familia fue perseguida hasta una cafetería cercana donde Jackson, al intentar proteger a su madre, que estaba siendo golpeada por los policías, recibió un disparo del cabo James Boyd Fowler. Jackson murió varios días después.

Tras la muerte de Jimmie Lee Jackson, para calmar la ira y el deseo de venganza que reverberaban en la comunidad Negra de la zona, el reverendo Hosea Williams, de la Conferencia de Liderazgo Cristiano del Sur (SCLC, por sus siglas en inglés) o *slick*, y John R. Lewis, del Comité Coordinador Estudiantil No Violento (SNCC, por sus siglas en inglés) o *snick*, encabezaron una marcha desde Selma hasta Montgomery el domingo 7 de marzo de 1965. Martin Luther King Jr. no estaba entre los manifestantes que querían reunirse con el gobernador de Alabama, y segregacionista declarado, George Wallace, para hablar de la muerte de Jackson. Selma, sede del condado de Dallas (Alabama), fue también donde el sheriff del condado, Jim Clark, ordenó que todos los hombres blancos mayores de 21 años se alistaran antes de la marcha del 7 de marzo. Cuando los manifestantes cruzaron el puente Edmund Pettus hacia el lado de Montgomery, fueron recibidos por una hilera de policías estatales de Alabama y soldados blancos que los golpearon sin piedad en lo que se ha denominado el «Domingo Sangriento». John Lewis sufrió una fractura de cráneo y otras heridas cuyas cicatrices cargó el resto de su vida.

El presidente Lyndon B. Johnson, el líder sindical Walter Reuther, todas las organizaciones de derechos civiles de primera línea y muchos otros condenaron de forma rápida y rotunda el Domingo Sangriento. King intervino en la planificación de la segunda marcha de Selma, que se celebraría el 9 de marzo, para protestar contra la violencia policial presenciada en la primera y seguir defendiendo el derecho al voto. La SCLC solicitó una orden de alejamiento para impedir que los policías estatales hicieran uso de la violencia contra los manifestantes. Pero en lugar de emitir dicha orden, el juez de distrito Frank Johnson dictó una orden de alejamiento temporal contra los manifestantes que pretendían celebrar la marcha. En ausencia de John Lewis, que estaba recuperándose de sus heridas, James Forman, del SNCC, y Hosea Williams rompieron con la SCLC argumentando que la marcha debía celebrarse en violación de la orden del juez Johnson, a pesar de que muchos en la SCLC creían que el juez Johnson estaba esperando garantías federales de que se aplicaría una orden de alejamiento contra los policías estatales.

King intentó llegar a un acuerdo entre quienes abogaban por una marcha y quienes proponían esperar la orden final del juez. El martes 9 de marzo, dirigió a un grupo de manifestantes de Selma por una ruta acordada de antemano con las autoridades locales blancas, rezó con los manifestantes, pero luego les hizo dar media vuelta y marchó de regreso a Selma sin cruzar el puente Edmund Pettus, en lo que se conoció como el «Turnaround Tuesday» («Martes de Retorno»). Aquella noche, tres ministros unitarios universalistas blancos fueron apaleados con severidad por miembros del Ku Klux Klan de Selma. Uno de ellos, James Reeb, murió dos días después a consecuencia de las heridas.

Selma se había convertido en un polvorín. El SNCC y la SCLC estaban en desacuerdo respecto a las tácticas del Martes de Retorno y sobre si representaba una capitulación o una retirada estratégica. El liderazgo de King y los métodos no violentos que propugnaba fueron cuestionados —y desafiados— por una generación más joven de activistas. Los intentos del presidente Johnson de obligar al gobernador Wallace a permitir otra marcha habían fracasado. Así que el presidente cedió y dio al juez Johnson su garantía de aplicación federal. El 17 de marzo, el juez Johnson levantó la orden de alejamiento.

King encabezó entonces la tercera marcha de Selma, prevista del 21 al 24 de marzo de 1965. El domingo 21 de marzo, casi ocho mil personas de todo el mundo partieron de la Iglesia Brown Chapel A.M.E. de Selma para iniciar la marcha de ochenta kilómetros hacia Montgomery, escoltados por miembros de la Guardia Nacional de Alabama, federalizada desde entonces por el presidente Johnson. De esta marcha surgió la icónica fotografía de Martin Luther King Jr. de la mano de su esposa, Coretta, del brazo de Ralph Abernathy y su esposa, Juanita, y de Fred Shuttlesworth, Ralph Bunche, el rabino Abraham Joshua Heschel y muchos otros. Pero es poco conocido que, el 23 de marzo, cientos de manifestantes Negros se pusieron kipás —o casquetes judíos— en señal de apoyo y admiración por el rabino Heschel y el rabino Maurice Davis, a la cabeza de la marcha. Las kipás se conocieron como «gorras de la libertad».

Harry Belafonte, Sammy Davis Jr., Nina Simone, Joan Baez, Tony Bennett, Peter, Paul and Mary, y una lista repleta de estrellas del espectáculo actuaron la noche del 24 de marzo para los manifestantes que acampaban en las afueras de Montgomery. Al día siguiente, 25 000 personas marcharon desde el campamento hasta la escalinata del edificio del Capitolio del Estado de Alabama, donde King pronunció el discurso contenido en este libro.

Al igual que el puente que cruzaron los manifestantes para llegar al capitolio del estado, «Dios avanza con nosotros» es en sí mismo un puente. Es un puente que invita a los estadounidenses blancos, en particular a los estadounidenses blancos pobres, a comprender cómo el racismo los ha manipulado a lo largo de la historia. «Si bien podemos decir que en la era de la esclavitud el hombre blanco se apoderó del mundo y al Negro le entregó a Jesús», dice King, «entonces también podemos decir que, en la época de la Reconstrucción, la aristocracia sureña se apoderó del mundo y al hombre blanco pobre le entregó a Jim Crow. Le entregó a Jim Crow. Y, cuando su estómago hambriento pedía a gritos la comida que sus bolsillos vacíos no podían proveer, se comió a Jim Crow, un cuervo psicológico que le decía que, por muy pobre que fuera, al menos era blanco, y mejor que el Negro».

El discurso de King es un puente que ofrece a los Negros estadounidenses, temerosos de la no violencia frente a la violencia recalcitrante de los blancos, un medio para dejar atrás esos temores. «Y, por eso, les ruego esta tarde que, mientras avanzamos, sigamos comprometidos con la no violencia. Nuestro objetivo nunca debe ser derrotar o humillar al hombre blanco, sino ganar su amistad y comprensión», afirma King.

El discurso de King es un puente para que todos comprendan que la violencia policial y la negación del derecho al voto no se sostienen en una democracia, y además, cómo estas dos cuestiones están entrelazadas en lo más profundo. «Marchemos hacia las urnas, marchemos hacia las urnas hasta que los racistas desaparezcan de la palestra política. Marchemos hacia las urnas hasta que las fechorías descaradas de las turbas sedientas de sangre se transformen en acciones bien intencionadas de ciudadanos pacíficos. Marchemos hacia las urnas hasta que los Wallace de nuestra nación huyan temblando en silencio».

Pero las palabras de King son también un puente hacia un futuro invisible del quel no pudo ser testigo porque no vivió lo suficiente. Parafraseando al abolicionista del siglo XIX Theodore Parker, dice King en este discurso: «aunque el arco del universo moral es largo, se inclina hacia la justicia». ¿Quién no oye elocuciones de esta misma frase en los discursos de quien luego sería el primer presidente Negro de Estados Unidos, Barack Obama?

¿Cuánto falta para que, como sociedad, como nación, como mundo, crucemos ese puente y lleguemos al final de ese arco?, King le pregunta al público. «¡Falta poco!», responde, y el público hace eco de sus palabras en múltiples ocasiones. Enmarcado de forma magistral, este breve discurso, a veces titulado «¿Cuánto falta? Falta poco», es un puente para todos nosotros. Por favor, lean este discurso no solo como una referencia histórica a un tiempo pasado, sino también como una llamada a la acción. A reducir la violencia policial. A ampliar el derecho al voto. A afrontar el racismo y el odio con amor y no con violencia. Los mismos temas por los que los manifestantes marcharon en Selma en marzo de 1965 —los mismos temas centrales del discurso de King— siguen vigentes hoy en día.

Este discurso, y su trasfondo histórico, plantearon la pregunta: «¿Qué puente Edmund Pettus estamos llamados a cruzar para provocar cambios fundamentales en nosotros mismos y en la sociedad?». ¿Es el puente entre no votar y votar? ¿Es el puente que va de castigar a los extraños que habitan entre nosotros a acogerlos como hermanos y hermanas? ¿Es el puente que va del castigo violento ante las diferencias a la resolución no violenta de esas diferencias? Cómo respondamos a estas preguntas y cómo actuemos en función de nuestras respuestas medirá cuán bien hemos leído y cuán en serio nos hemos tomado las palabras que Martin Luther King Jr. pronunció en este breve discurso, «Dios avanza con nosotros».

—Clyde W. Ford

Director de The Martin Luther King Jr.

Library Project en HarperCollins Publishers

«DIOS AVANZA CON NOSOTROS»

25 de marzo de 1965
Montgomery, Alabama

Amigos queridos y constantes,
Ralph Abernathy y todos los
distinguidos estadounidenses sentados
aquí en el estrado.

Amigos y compañeros
del estado de Alabama

y todas las personas amantes de la libertad

que se han reunido aquí esta tarde,

provenientes de toda nuestra nación

y de todo el mundo.

El domingo pasado,
más de ocho mil personas emprendimos
una imponente marcha desde Selma,
Alabama. Hemos marchado por valles
desolados y colinas empinadas,
hemos marchado por carreteras sinuosas
y hemos dado descanso a nuestros cuerpos
en senderos pedregosos.

Algunos tenemos la cara quemada

por la efusión del sol ardiente.

Algunos hemos dormido, literalmente,

en el barro.

Nos hemos empapado

bajo la lluvia.

Tenemos el cuerpo cansado

y los pies, algo doloridos.

Pero hoy, ante ustedes,

recuerdo esa gran marcha y puedo decir

lo que dijo la hermana Pollard,

una mujer Negra de setenta años,

que vivió en esta comunidad durante el

boicot a los autobuses. Un día, viéndola

ir a pie, le preguntaron si quería subirse

al autobús y cuando respondió: «No»,

la persona dijo «¿Acaso no está cansada?».

Y con una profundidad poco gramatical, respondió: «Mis pies están cansados, pero mi alma está sosegada».

Y, ciertamente, esta tarde podemos decir que nuestros pies están cansados, pero nuestras almas están sosegadas.

Nos dijeron que no llegaríamos
hasta aquí.

Y hasta hubo quienes dijeron
que llegaríamos hasta aquí
solo sobre sus cadáveres.

Pero el mundo entero sabe hoy

que estamos aquí, que estamos firmes

ante las fuerzas del poder

en el estado de Alabama y que decimos:

«No vamos a permitir

que nadie nos haga retroceder».

Ahora bien, no es casualidad
que una de las grandes marchas
de la historia de Estados Unidos
termine en Montgomery, Alabama.

Hace justo diez años, en esta misma
ciudad, nació una nueva filosofía
de la lucha del Negro.

Montgomery fue la primera ciudad
del Sur en la que toda la comunidad
Negra se unió y juró enfrentarse
a sus antiguos opresores.

En esa lucha se logró más que eliminar
la segregación en los autobuses.

Ahí nació una nueva idea,

más poderosa que las pistolas

o las porras.

Los Negros la tomaron y la llevaron

por todo el Sur en batallas épicas

que dinamizaron a la nación y al mundo.

Pero resulta curioso que las luchas
culminantes siempre se hayan librado
y ganado en el suelo de Alabama.

Después de la de Montgomery,
hubo otras confrontaciones heroicas
en Misisipi, Arkansas, Georgia y
otras partes. Pero no fue hasta que el
coloso de la segregación fue desafiado
en Birmingham que la conciencia
de Estados Unidos comenzó a sangrar.

Los blancos de Estados Unidos se

sintieron intensamente

conmocionados por Birmingham

porque fueron testigos

de cómo toda una comunidad de Negros

se enfrentaba al terror y la brutalidad

con una valentía solemne,

fuerte y heroica.

Desde lo más profundo de

su espíritu democrático, la nación

por fin obligó al Congreso a redactar leyes

con la esperanza de erradicar

la mancha de Birmingham.

La Ley de Derechos Civiles de 1964
dio a los Negros parte de la dignidad
que les correspondía, pero sin el voto,
era una dignidad sin fuerza.

Una vez más, se desenfundó el método

de la resistencia no violenta,

y una vez más, toda una comunidad

se movilizó para hacer frente al adversario.

Y una vez más, la brutalidad de un orden

moribundo aúlla por toda la tierra.

Sin embargo, Selma, Alabama,

es un episodio luminoso

en la conciencia del hombre.

Si lo peor de la vida en Estados Unidos

acechaba desde sus calles oscuras,

los mejores instintos de los

estadounidenses se avivaron con pasión

a lo largo del país para superarlo.

No ha habido un episodio en la historia
de Estados Unidos más honroso e
inspirador que esa peregrinación de
clérigos y laicos de todas las razas
y credos que se volcó en Selma
para enfrentar el peligro junto a los
manifestantes Negros.

La confrontación entre el bien y el mal,

comprimida en la pequeña comunidad

de Selma, generó la enorme fuerza

que guiaría a toda la nación

por un rumbo nuevo.

Un presidente nacido en el Sur tuvo la
sensibilidad de escuchar la voluntad del
país y, en un discurso que pasará a la
historia como una de las defensas más
vehementes de los derechos humanos
jamás pronunciada por un presidente de
nuestra nación, prometió
usar el poder del gobierno federal
para deshacerse de la plaga centenaria.

El presidente Johnson alabó con razón
la valentía del Negro en despertar
la conciencia de la nación.

A nosotros ahora nos corresponde rendir
tributo a los estadounidenses blancos
que estiman sus tradiciones democráticas
por encima de las desagradables
costumbres y los privilegios de
generaciones, y que se atreven
a unir sus manos a las nuestras.

Desde Montgomery hasta Birmingham,

desde Birmingham hasta Selma

y desde Selma de vuelta a Montgomery

se trazó un circuito largo y a menudo

sangriento, que, no obstante, se ha

convertido en una autopista para salir

de la oscuridad.

Alabama ha intentado fomentar
y defender el mal, pero el mal está
asfixiándose en las carreteras y calles
polvorientas de este estado.

Por tanto, me presento ante ustedes esta tarde con la convicción de que la segregación yace en su lecho de muerte en Alabama y lo único incierto aún es qué precio le pondrán al funeral los segregacionistas y Wallace.

Toda nuestra campaña en Alabama
se ha centrado en el derecho al voto.

Hoy, al centrar la atención

de la nación y del mundo

en la flagrante denegación del derecho

al voto, estamos sacando a la luz

el origen mismo, la raíz,

de la segregación racial en el Sur.

La segregación racial como estilo de vida

no surgió como el resultado natural

del odio entre razas

después de la Guerra Civil.

Entonces no había leyes que segregaran a las razas. Como señala claramente el célebre historiador C. Vann Woodward en su libro *La extraña carrera de Jim Crow*, la segregación de las razas fue en realidad una estratagema política empleada por los intereses de los demócratas conservadores emergentes en el Sur para mantener divididas a las masas sureñas y para que la mano de obra sureña siguiera siendo la más barata del país.

Porque, fíjense, era fácil obligar

a las masas blancas pobres

a trabajar por un salario paupérrimo

en los años posteriores a la Guerra Civil.

Pues, si el trabajador blanco pobre

de una plantación o un molino

se quejaba de su mísero salario,

el dueño de la plantación o del molino

no tenía más que amenazarlo con

despedirlo y contratar a un antiguo

esclavo Negro por una paga aún menor.

De ese modo, el nivel salarial del Sur

se mantuvo casi insoportablemente bajo.

Hacia finales de la era

de la Reconstrucción

ocurrió algo muy significativo.

Fue lo que se conoció

como el movimiento populista.

Los líderes de ese movimiento

comenzaron a avivar a las masas

blancas pobres y a los antiguos

esclavos Negros para que vieran cómo

estaban siendo despellejados

por los intereses emergentes

de los demócratas conservadores.

No solo eso,

sino que comenzaron a unificar

a las masas de votantes Negros y blancos

en un bloque que amenazaba

con expulsar los intereses

de los demócratas conservadores

de sus puestos de mando

en el poder político del Sur.

Para hacer frente a esta amenaza,

la aristocracia sureña pronto empezó

a maquinar el desarrollo de una sociedad

segregada. Quiero que entiendan esto bien

porque es muy importante para

ver las raíces del racismo

y la negación del derecho al voto.

Controlando los medios de comunicación, revisaron la doctrina de la supremacía blanca y, con ella, saturaron las mentes de las masas blancas pobres, y les nublaron el entendimiento sobre lo que en realidad es el movimiento populista.

Después, ordenaron la inclusión

en los libros del Sur

de leyes que criminalizaban

la convivencia entre Negros y blancos

como iguales a cualquier nivel.

Y esa fue la gota que colmó la copa.

Eso atrofió y acabó por destruir

el Movimiento Populista del siglo XIX.

Si bien podemos decir

que, en la era de la esclavitud,

el hombre blanco se apoderó del mundo

y al Negro le entregó a Jesús,

entonces también podemos decir que,

en la época de la Reconstrucción,

la aristocracia sureña se apoderó del

mundo y al hombre blanco pobre

le entregó a Jim Crow.

Le entregó a Jim Crow.

Y, cuando su estómago hambriento pedía

a gritos la comida que sus bolsillos vacíos

no podían proveer, se comió a Jim Crow,

un cuervo psicológico que le decía que,

por muy pobre que fuera, al menos

era blanco, y mejor que el Negro.

Y se comió a Jim Crow.

Y cuando sus hijos famélicos

lloraban por las necesidades

que su pobre salario no podía satisfacer,

les mostraba los letreros de Jim Crow

en los autobuses y en las tiendas,

en las calles y en los edificios públicos.

Y sus hijos también aprendieron

a nutrirse de Jim Crow,

ese último reducto de su olvido.

Y así, la amenaza del libre ejercicio del

sufragio de las masas Negras y blancas

por igual resultó en el establecimiento

de una sociedad segregada.

Segregaron a los blancos pobres

del dinero sureño;

segregaron a los blancos ricos

de las tradiciones sureñas; segregaron

a las iglesias sureñas del cristianismo;

segregaron a las mentes sureñas del

pensamiento honesto

y segregaron al Negro de todo.

Eso fue lo que ocurrió

cuando las masas Negras

y blancas del Sur amenazaron con

unirse y construir una gran sociedad;

una sociedad justa en la que nadie

se aprovechara de la debilidad de otros;

una sociedad de abundancia en la que

se eliminaran la avaricia y la pobreza;

una sociedad de hermandad en la que

todos los hombres respetaran la dignidad

y el valor de la personalidad humana.

Hemos recorrido un largo camino

desde que esa farsa de justicia

se perpetró en las mentes estadounidenses.

James Weldon Johnson lo expresó

con elocuencia al decir:

«Hemos recorrido un camino,

que con lágrimas ha sido regado.

Hemos abierto caminos

con la sangre de los sacrificados.

Hemos salido del pasado sombrío,

y hoy nos hallamos por fin

en un lugar donde reluce
el blanco fulgor

de nuestra brillante estrella».

Hoy quiero decirle a la ciudad de Selma,

hoy quiero decirle al estado de Alabama,

hoy quiero decirles a los Estados Unidos

y a las naciones del mundo:

no vamos a retroceder.

Estamos avanzando.

Sí, estamos avanzando

y ninguna ola de racismo nos detendrá.

Estamos avanzando.

Que incendien nuestras iglesias

no nos desalentará.

Estamos avanzando.

Que arrojen bombas a nuestros hogares
no nos disuadirá.

Estamos avanzando.

Que golpeen y asesinen

a nuestros pastores y jóvenes

no nos distraerá.

Estamos avanzando.

Que liberen de forma arbitraria

a sus conocidos asesinos

no nos desanimará.

Estamos avanzando.

Como una idea que por fin se impone,

ni siquiera la marcha de ejércitos

poderosos podrá detenernos.

Estamos avanzando
hacia la tierra de la libertad.

Sigamos, pues, nuestra marcha triunfal
hacia la realización del sueño americano.

Marchemos contra
las viviendas segregadas.

Hasta que todos los guetos
de depresión social y económica
se disuelvan, y Negros y blancos vivan
codo a codo en viviendas decentes,
seguras y salubres.

Marchemos contra
las escuelas segregadas.

Hasta que cualquier vestigio
de educación segregada e inferior
sea cosa del pasado y Negros
y blancos estudien codo a codo
en el contexto socialmente
sanador de las aulas.

Marchemos contra la pobreza,
hasta que ningún padre estadounidense
tenga que dejar de comer para alimentar
a sus hijos. Marchemos contra la pobreza
hasta que ningún hombre famélico
camine por las calles de nuestras ciudades
y aldeas buscando empleos que no existen.

Marchemos contra la pobreza
hasta que los estómagos hambrientos
de Misisipi se sacien, y las industrias
inactivas de los Apalaches se desarrollen
y revitalicen, y las vidas rotas en los guetos
sofocantes se renueven y remodelen.

Marchemos hacia las urnas,
marchemos hacia las urnas hasta
que los racistas desaparezcan
de la palestra política.

Marchemos hacia las urnas

hasta que las fechorías descaradas

de las turbas sedientas de sangre

se transformen en acciones bien

intencionadas de ciudadanos pacíficos.

Marchemos hacia las urnas
hasta que los Wallace de nuestra nación
huyan temblando en silencio.

Marchemos hacia las urnas

hasta que podamos enviar a los concejos

municipales, a las legislaturas estatales

y al Congreso de los Estados Unidos

a personas que no teman hacer valer

la justicia, que amen la misericordia

y caminen humildemente con su Dios.

Marchemos hacia las urnas
hasta que la fraternidad deje de ser
una palabra sin sentido
en una invocación al inicio de las labores,
y se convierta en el orden del día de todas
las agendas legislativas.

Marchemos hacia las urnas
hasta que en todo Alabama los hijos
de Dios puedan andar por la tierra
con decencia y dignidad.

Marchar en este sentido no es malo.

La Biblia nos dice

que los poderosos hombres de Josué

no hicieron sino marchar alrededor

de la ciudad amurallada de Jericó

y las barreras que impedían

la libertad se derrumbaron.

Me gusta ese viejo espiritual Negro

«Josué luchó en la batalla de Jericó».

En su sencilla, pero vívida descripción

de ese gran momento de la historia

bíblica nos dice que:

«Josué luchó en la batalla de Jericó,

Josué luchó en la batalla de Jericó,

y los muros se derrumbaron.

Hasta las murallas de Jericó

marcharon portando lanzas.

"Suenen las bocinas de cuerno de

carnero", gritó Josué,

"Porque la batalla está en mis manos"».

Les transmito estas palabras

tal y como nos las transmitió

su creador desconocido,

un hombre de piel oscura,

muerto hace ya mucho tiempo.

Un bardo Negro, que ya no habita

entre nosotros, legó a la posteridad

esas palabras en un estilo tal vez poco

gramatical, pero de una pertinencia

rotunda para todos nosotros hoy.

La batalla está en nuestras manos.
Y podemos responder con la no violencia
creativa al llamado de esa cima a la
que nos convocan los nuevos rumbos
de nuestra lucha. El camino que
tenemos por delante no está libre de
obstáculos. No hay anchas autopistas
que nos conduzcan con rapidez y
certeza a soluciones fáciles.

Pero debemos seguir adelante.

A la luz de la lámpara de mi escritorio

hace unas noches volví a contemplar

el maravilloso signo de nuestros tiempos,

lleno de esperanza

y promesas de futuro.

Y sonreí al ver, en las fotografías

de periódicos de hace algunas décadas,

los rostros iluminados, solemnes,

de nuestros héroes valerosos,

los ciudadanos de Montgomery.

A esa lista pueden añadirse los nombres

de todos aquellos que han luchado

y, sí, muerto en el ejército no violento

de nuestros días:

Medgar Evers,

tres trabajadores de los derechos civiles

en Misisipi el verano pasado,

William Moore,

como ya se ha mencionado,

el reverendo James Reeb,

Jimmie Lee Jackson,

y cuatro niñas en la Iglesia de Dios

en Birmingham el domingo

por la mañana.

Pero, a pesar de esto, debemos

seguir adelante y asegurarnos de

que no han muerto en vano. Las huellas

de sus pies atravesando las barreras

de Jim Crow en ese gran paso hacia

la libertad es el trueno de la marcha

de los hombres de Josué,

y el mundo se estremece bajo sus pisadas.

Pueblo mío, pueblo mío, escucha.

La batalla está en nuestras manos.

La batalla está en nuestras manos

en Misisipi y Alabama, y en todos los

Estados Unidos. Sé que hoy se escucha

un clamor en Alabama, lo vemos

en numerosas columnas de opinión:

«¿Cuándo Martin Luther King, la Conferencia de Liderazgo Cristiano del Sur, el Comité Coordinador Estudiantil No Violento, todos esos agitadores de los derechos civiles, todos los clérigos blancos, los líderes sindicales, los estudiantes y demás grupos saldrán de nuestra comunidad y dejarán que Alabama regrese a la normalidad?».

Pues hay un mensaje que me gustaría
transmitirle a Alabama esta tarde.

Eso es exactamente lo que no queremos
y no permitiremos que ocurra,
porque sabemos que fue la normalidad
en Marion lo que llevó al brutal
asesinato de Jimmie Lee Jackson.

Fue la normalidad en Birmingham

lo que llevó al asesinato,

el domingo por la mañana, de cuatro

niñas hermosas, inofensivas e inocentes.

Fue la normalidad en la Autopista 80

lo que llevó a las tropas estatales

a utilizar gases lacrimógenos,

caballos y porras contra seres humanos

desarmados que no hacían

más que marchar por la justicia.

Fue la normalidad en un café de Selma,
Alabama, lo que llevó a la brutal paliza
del reverendo James Reeb.

Es la normalidad en todo nuestro país
lo que permite que el Negro perezca
en una solitaria isla de pobreza
en medio de un vasto océano de
prosperidad material. Es la normalidad
en todo Alabama lo que impide
que el Negro se inscriba como votante.

No, no permitiremos que Alabama
regrese a la normalidad.

La única normalidad con
la que nos conformaremos
es la que reconoce la dignidad
y el valor de todos los hijos de Dios.

La única normalidad con la que nos
conformaremos es la que permite
que el buen juicio fluya como las aguas,
y la rectitud como un torrente poderoso.
La única normalidad con la que
nos conformaremos es la normalidad
de la fraternidad, la normalidad
de la paz verdadera, la normalidad
de la justicia.

Por tanto, al irnos de aquí esta tarde,

vayámonos más que nunca

comprometidos con esta lucha

y comprometidos con la no violencia.

Debo admitir que aún quedan
algunos escollos que superar.

Aún nos aguardan tiempos de sufrimiento
en muchos condados del Cinturón Negro
de Alabama, en muchas zonas de Misisipi,
en muchas áreas de Luisiana.

Debo admitir que aún nos esperan

celdas carcelarias,

tiempos tenebrosos y difíciles.

Seguiremos adelante confiando
en que la no violencia y su poder
transformarán los oscuros ayeres
en luminosos mañanas. Lograremos
cambiar todas esas condiciones.

Y, por eso, les ruego esta tarde
que, mientras avanzamos, sigamos
comprometidos con la no violencia.

Nuestro objetivo nunca debe ser
derrotar o humillar al hombre blanco,
sino ganar su amistad y comprensión.

Debemos entender que el fin que
perseguimos es una sociedad
en paz consigo misma, una sociedad
que pueda vivir con su conciencia.
Ese será un día no del hombre blanco
ni del hombre Negro.
Ese será el día del hombre como hombre.

Sé que hoy preguntarán:

«¿Cuánto falta?».

Alguien preguntará: «¿Hasta cuándo
los prejuicios continuarán cegando
las visiones de los hombres,
oscureciendo sus mentes y expulsando
la sabiduría de ojos brillantes
de su sagrado trono?».

Alguien preguntará:

«¿Cuándo la justicia herida,

postrada en las calles de Selma,

Birmingham y otras comunidades

a lo largo de todo el Sur, se levantará

de este polvo vergonzoso para reinar

suprema entre los hijos de los hombres?».

Alguien preguntará:

«¿Cuándo la radiante estrella

de la esperanza brillará contra

el seno nocturno de esta noche solitaria,

arrancada de las almas fatigadas por

las cadenas del miedo y los grilletes de

la muerte? ¿Hasta cuándo será crucificada

la justicia y la verdad lo soportará?».

Vengo a decirles esta tarde

que, por difícil que resulte el momento,

por frustrante que resulte la hora,

falta poco, porque «la verdad aplastada

en la tierra resucitará».

¿Cuánto falta? Falta poco,
porque «ninguna mentira puede vivir
para siempre».

¿Cuánto falta? Falta poco, porque
«cosecharán lo que siembren».

¿Cuánto falta? Falta poco.

«La verdad por siempre en el patíbulo,

el mal por siempre en el trono,

pero ese patíbulo mueve el futuro

y, tras la incertidumbre tenebrosa,

Dios está entre las sombras,

velando por los suyos».

¿Cuánto falta? Falta poco, porque, aunque el arco del universo moral es largo, se inclina hacia la justicia.

¿Cuánto falta? Falta poco, porque

«Mis ojos han visto la gloria

de la venida del Señor;

Él está pisoteando la vendimia donde se

almacenan las uvas de la ira;

Él ha desatado el fatídico relámpago

de su espada terrible y veloz;

Su verdad está avanzando.

Él ha hecho sonar la trompeta

que nunca llamará a la retirada;

Él está cerniendo los corazones

de los hombres ante Su trono.

¡Oh, apresúrate, alma mía,

a responderle! ¡Alégrense mis pies!

Dios avanza con nosotros.

¡Gloria, aleluya! ¡Gloria, ¡aleluya!

¡Gloria, aleluya! ¡Gloria, ¡aleluya!

Su verdad avanza con nosotros».

Acerca de Martin Luther King Jr.

El Dr. Martin Luther King Jr. (1929-1968), líder de los derechos civiles y ganador del Premio Nobel de la Paz, inspiró y dio continuidad a la lucha por la libertad, la no violencia, la hermandad interracial y la justicia social.

Acerca de Clyde W. Ford

Clyde W. Ford es un consultor sobre diversidad, equidad e inclusión, que se ha reunido con los directores ejecutivos de Microsoft e IBM y, actualmente, dirige el MLK Library Project en HarperCollins. Ha ofrecido cientos de charlas y adiestramientos en universidades, corporaciones privadas y grupos ciudadanos en Estados Unidos, Canadá y Europa. Autor de más de una decena de libros premiados, Clyde ha sido invitado especial en *The Oprah Winfrey Show*, *Good Morning America*, NPR, C-SPAN/BookTV y un sinnúmero de programas de radio y televisión en toda la nación.

Acerca de
Aurora Lauzardo Ugarte

Aurora Lauzardo Ugarte es catedrática del Programa Graduado de Traducción de la Universidad de Puerto Rico y traductora de textos académicos y literarios. Sus traducciones más recientes *Donde somos humanos: historias genuinas sobre migración, sobrevivencia y renaceres* de Reyna Grande y Sonia Guiñansaca (HarperCollins Español 2023); *¿Por qué no me lo dijiste?* de Carmen Rita Wong (HarperCollins Español 2023) e *Indómita* de Dahlma Llanos-Figueroa (HarperCollins Español 2022) fueron premiadas en los International Latino Book Awards.